Wortspieler

Klaus Ebner

Wortspieler

Samuel Becketts Suche
nach der verlorenen Sprache

Bibliografische Information der Deutschen Nationalbibliothek:
Die Deutsche Nationalbibliothek verzeichnet diese Publikation
in der Deutschen Nationalbibliografie; detaillierte bibliografische
Daten sind im Internet über http://dnb.dnb.de abrufbar.

© 2020 Klaus Ebner, www.klausebner.eu
Taschenbuchausgabe
Covergestaltung: Klaus Ebner unter Verwendung einer Grafik
von Comfreak auf Pixabay, www.pixabay.com
Herstellung und Verlag: BoD–Books on Demand, Norderstedt
Printed in the European Union
ISBN: 978-3-751936705

Inhalt

Du côté de chez Sam

Am Beginn der literarischen Laufbahn steht ein Essay zu Marcel Proust und dessen Jahrhundertroman *À la recherche du temps perdu*. Manche der Biografen meinen, Beckett hätte darin seine persönliche Poetik postuliert. Das Buch beginnt mit den enigmatischen Worten »The Proustian equation is never simple.« [*Proust*, 11]. Diese Worte abwandelnd könnte man sagen, auch die beckettsche Gleichung ist niemals einfach, denn es gilt:

Samuel Beckett
= anglo-irischer Schriftsteller
= französischer Schriftsteller

Zwei Aussagen, widersprüchlich in direkter Gegenüberstellung, drücken zwei Realitäten aus, die Realitäten einer einzigen Person. Samuel Beckett ist mit seinem französisch geschriebenen Werk am besten bekannt, denn in dieser romanischen Sprache entstanden die Hauptwerke (obwohl mir der Begriff des Hauptwerkes in retrospektiver Betrachtung des gesamten Œuvres ganz und gar untauglich und insbesondere ausschließlich am Publikumserfolg gemessen erscheint). Als Ire englischer Muttersprache schrieb Beckett natürlich auch englisch, besonders in den Anfängen und in den beiden letzten Lebensjahrzehnten, wodurch der Eindruck entstehen könnte, die englische Muttersprache umrahme die französischen Lebenserfolge. In mein persönliches Blickfeld geriet, wie bei vielen literarisch Interessierten, zuerst das französische Theater, deutlich später gefolgt von der Prosa. Dass der während meiner Schul- und Studienzeit noch lebende Autor Ire war, nahm ich damals im besten Fall als nebensächliches Kuriosum wahr.

Manche Lebensabschnitte zeigen Beckett als einen Sprachüberläufer, andere als einen durch und durch zweisprachigen Autor. Er war jedoch kein Flüchtling. Kein wirtschaftliches Ungemach hatte ihn gezwungen, sich in einem fremden Land niederzulassen. Und noch weniger verlangten andere äußere oder gar persönliche Umstände von ihm, als Schriftsteller auf eine andere Sprache zu wechseln.

Als erste eigenständige Publikation steht der Essay *Proust* am Beginn einer Reise, die im

Zeichen der Sprache steht; es war die literaturwissenschaftliche und poetologische Auseinandersetzung des anglo-irischen Romanisten mit dem französischen Romancier Marcel Proust. Zu diesem Zeitpunkt waren, so meine ich, noch keine Weichen für den späteren Sprachwechsel gestellt. Der Essay erschien 1931 in London, dann 1957 in New York und 1965 abermals in London. Heute ist die englische Originalfassung vergriffen, lediglich die französische Übersetzung (aber auch die deutsche, italienische und spanische) ist noch erhältlich – das wirkt wie eine zufällige Ankündigung dessen, was sich schon in den 1940er und 50er Jahren abgespielt hat und was indes jeder, der sich mit Samuel Beckett auseinandersetzt, erst einmal für sich selbst entdecken muss. Ein englisches Exemplar der – typografisch exquisiten – Ausgabe von 1965, gerade mal ein Jahr jünger als ich selbst, entdeckte ich unter glücklichen Umständen in einem Antiquariat.

Biografen und Literaturwissenschaftler betonen vielerorts, dass Sprache bei Beckett eine ganz besondere Rolle spielt. Das hat nicht zwangsläufig etwas mit Englisch und Französisch zu tun, sondern generell mit der literarischen Arbeit an der Sprache, die sich in Becketts Werk manifestiert und, so könnte man sagen, die Tendenz aufweist, allmählich das Grundvertrauen in die Zuverlässigkeit und die Möglichkeiten der Sprache an sich zu verlieren. Die durchaus ungewöhnlichen und nicht gerade leicht zu lesenden Prosatexte machen den Anfang, die Theaterstücke thematisieren die Hülsenhaftigkeit und das Unverlässliche der Kommunikation, und die medialen Arbeiten verkürzen die sprachliche Ausstattung bis hin zu Stummfilm und wortlosen optischen Ereignissen und Eindrücken. Biografen und Essayisten wie Knowlson, Rathjen und Léger zeichnen den irischen Autor als einen stetig Suchenden, das heißt, als jemanden, der die richtige Sprache suchte, die passende Ausdrucksweise und eine angemessene literarische Umsetzung, aber auch als einen, dessen Zweifel an der sprachlichen Ausdrucksfähigkeit mit den Jahren so stark anwuchsen, dass am Ende nicht viel mehr als stumme Gestik übrig blieb. Im vollen Bewusstsein dessen nannte Beckett seine TV-Arbeiten *Crazy inventions*, Filmwerke, die in gewisser Weise das unerwartet schroffe Ende eines Wortkünstlers markieren.

Was ist passiert? Aus welchem Grund drückte Samuel Beckett der französischen Literatur einen deutlicher sichtbaren Stempel auf als der irisch-englischen? Und was bedeuten das wachsende Misstrauen gegenüber jedweder sprachlichen Ausdrucksweise in den literarischen Publikationen und die sich abzeichnende Aphasie der Protagonisten?

Warum Schriftsteller ihre Sprache durch eine andere ersetzen – oder in zwei respektive mehreren Idiomen schreiben –, ist eine ebenso interessante wie alte Frage, auf die es eine Vielzahl von, mitunter auch unbefriedigenden, Antworten gibt. Die folgenden – wenigen herausgesuchten – Beispiele stammen allesamt aus dem 20. und dem beginnenden 21. Jahrhundert: Vladimir Nabokov floh mit seiner Familie vor der Oktoberrevolution, sein Werk ist russisch und englisch. Julien Green blieb Zeit seines Lebens Amerikaner, doch er wuchs in Frankreich auf und trotz eines Erstlings auf Englisch schrieb er sein umfangreiches Prosawerk französisch – im Übrigen liegt er in der österreichischen Landeshauptstadt Klagenfurt begraben. Maja Haderlap, im zweisprachigen Teil Kärntens aufgewachsen, schreibt auf Slowenisch und

Deutsch, wechselt die Sprache, so scheint es, je nach literarischem Vorhaben. Peter Weiss floh vor dem Nationalsozialismus durch halb Europa und ließ sich in Schweden nieder; als schwedischer Staatsbürger schrieb er zwar die ersten Bücher auf Schwedisch, alle weiteren jedoch in seiner Muttersprache Deutsch. Josep Pla trieb die Franco-Diktatur dazu, sein journalistisches Werk und einen kleinen Teil der Reise-Essays auf Spanisch zu verfassen, während das Gros seines Gesamtwerkes ihn zu einem der bedeutendsten katalanischen Schriftsteller machte. Zdenka Becker lebt seit ihrer Heirat mit der Familie in Österreich und wechselte literarisch von der Muttersprache Slowakisch ins Deutsche, während sie Texte in beide Sprachen übersetzt. Valery Larbaud, ein Franzose, der auch in Becketts Leben eine kleine, obgleich nicht unbedeutende Rolle spielte, schrieb ein Gutteil seines Tagebuchs auf Englisch, und eigentlich weiß keiner so recht warum. Diese Beispiele ließen sich noch eine Weile fortführen.

Natürlich sind es weitläufig die Lebensumstände, die Autorinnen und Autoren zwei- oder mehrsprachig machen. Diese können indes nicht nur von äußerem, zumeist politischem Zwang, sondern auch von familiären Wirrnissen oder gänzlich freiwilligen Entscheidungen geprägt sein. Zudem sind wir in Europa, nämlich ohne uns dessen bewusst zu sein, in einer Art Glauben an sprachlich kohärente Nationalstaaten befangen, denn wenn wir in der Geschichte ein paar Jahrhunderte zurückgehen, fällt rasch auf, dass zwei- und mehrsprachige Autorinnen und Autoren in Europa einmal etwas durchaus Alltägliches waren [HOKENSON/MUNSON, 19 ff.]. Samuel Beckett kam sehr früh mit der französischen Sprache in Berührung, laut seinem Biografen James Knowlson lernte er Französisch bereits im Grundschulalter von seiner deutschen (!), nach England emigrierten Lehrerin Ida Elsner [KNOWLSON, 26]. Das Französisch-Lernen steigerte sich bis zum Studium der französischen und italienischen Sprache an Dublins renommiertem Trinity College, und nach seinem Romanistik-Abschluss wurde er vom Institut als Austauschlehrer für englische Sprache an die École Normale Supérieure in Paris vermittelt [KNOWLSON, 70]. Dort verbrachte er seine ersten beiden Jahre in Frankreich, vom Herbst 1928 bis zum Sommer 1930, jene Zeit, in der die Freundschaften zu zwei anderen Iren, Thomas McGreevy und James Joyce entstanden.

Nach der École Normale folgten Jahre der Ruhelosigkeit. Von »temps de l'errance«, der Zeit des Herumirrens, und »errance d'antan« ist in den viel später geschriebenen *Soubresauts* die Rede [*Soubresauts*, 11]; in der englischen Erstversion spricht er allerdings lediglich von »the roads«. Diese Jahre erwecken den Eindruck, Beckett hätte sich während dieser Zeit weder für ein bestimmtes Land noch für eine Sprache klar entscheiden können. Wiederholt kam er, zumeist aus familiären Anlässen, nach Irland zurück, doch hielt es ihn dort nur kurz. Diese Reisen der Dreißigerjahre, in denen Beckett zwischen Irland, England, Frankreich und Deutschland pendelte und sogar mit Aufenthalten in Südafrika und in der Sowjetunion liebäugelte, identifiziert Nathalie Léger als eine Suche nach der richtigen Sprache und als ein Herumirren: »Durant toutes ces années, il erre de Dublin à Paris, de Londres à Hambourg, à la recherche de la misère de ses mots, de la matière de sa parole, à la recherche de sa langue impossible, de sa langue de dépossédé.« [LÉGER, 54] (»Während all dieser Jahre irrt er von Dublin nach Paris, von

14

London nach Hamburg, auf der Suche nach dem Elend seiner Wörter, der Materie seiner Worte, auf der Suche nach seiner unmöglichen Sprache, seiner Sprache eines Enteigneten.«). Dabei scheint sogar Deutsch als mögliche Literatursprache im Rennen gewesen zu sein. Die deutschen etwa 5% der Briefe geben einen Einblick über Becketts Kompetenz in dieser Sprache. Zwar enthalten diese Schriftstücke eine ganze Menge Fehler – wovon Briefe dank ihres Naturells im Allgemeinen mehr aufweisen als andere Textsorten –, doch ist Becketts Deutsch keineswegs ein simples, sondern zeugt von einer erstaunlichen sprachlichen Virtuosität. Der letzte Absatz eines deutschen Briefes an Cousin Morris Sinclair von 1934 lautet etwa: »Was für ein Schlusszierat gehört zu diesem Klagelied? Man atmet, also…? Oder: Was Hänschen nicht lernt…? Die Symphonie unvollendet zu lassen, das ist jedenfalls die Hauptsache. Dabei kann alles in Ordnung aussehen.« [*Letters 1929-1940*, 203]. Das sind nicht einfach Zitate, sondern gekonnte Anspielungen und Sprachspielereien. Die Syntax der deutschen Briefe Becketts wirkt über weite Strecken völlig natürlich, einerseits komplex und gehoben, andererseits aus umgangssprachlichen Formulierungen schöpfend. Dass eine Hinwendung letztendlich zum Französischen erfolgte, liegt zweifellos an der wesentlich höheren Sprachkompetenz des Autors darin, doch kann nicht ausgeschlossen werden, dass auch die politischen Ereignisse das Ihre beitrugen – 1936/37 unternahm Beckett eine ausgedehnte Deutschlandreise und bekam sehr deutlich mit, wie Künstler und insbesondere Juden mehr und mehr aus der Gesellschaft verdrängt wurden. (Und die Jahre des Zweiten Weltkriegs verbrachte Beckett in Frankreich, teilweise aktiv die Résistance unterstützend und stets auf der Flucht vor herumschnüffelnden Nazischergen.)

Nathalie Léger spricht von einer gewissen Verzweiflung, die sich in den Briefen dieser Zeit hinsichtlich der Suche nach der Sprache ausdrückt. Vielleicht spiegelte die Stimmung indes eher eine gewisse Ermüdung oder Ermattung wider. Am 09.07.1937 schrieb er – auf Deutsch – an Axel Kaun: »Es wird mir tatsächlich immer schwieriger, ja sinnloser, ein offizielles Englisch zu schreiben. Und immer mehr wie ein Schleier kommt mir meine Sprache vor, den man zerreissen muss, um

16

an die hinterliegenden Dinge (oder das hinterliegende Nichts) zu kommen. Grammatik und Stil! Mir scheinen sie ebenso hinfällig geworden zu sein wie ein Biedermeier Badeanzug oder die Unerschüttlichkeit [sic!] eines Gentlemans.« [*Letters 1929-1940*, 513 f.]. Knapp einen Monat später deutet er einen gewissen Unwillen zu schreiben an, eventuell sogar eine zumindest kurzzeitige Schreibblockade, am 04.08.1937 an McGreevy: »(…) I don't seem able or to want to write any more, or let us be modest and say for the moment.« [*Letters 1929-1940*, 530].

Die Briefe enthalten über all die Jahre eine einzigartige Vermischung der Sprachen, neben Englisch und Französisch tauchen auch deutsche und italienische, vereinzelt sogar lateinische Wörter oder Passagen auf. Noch Ende der Sechzigerjahre heißt es: »Got the Kleist Marionetten Theater (extraordinary) and other essays. Begun writing down the mise en scène, slow business in detail.« [*Letters 1966-1989*, 180] oder »Je m'en vais schlendern une dernière fois à travers le Tiergarten.« [*Letters 1966-1989*, 181]. Dass dieses Gemisch jahrzehntelang durchgehalten wurde, verrät, dass Beckett an dieser Arbeitsweise eine unbändige Freude gehabt haben muss, und mich erinnert seine Art des Schreibens auch an Joyce. Becketts ganz allgemein bedrückte Stimmung in der zweiten Hälfte der Dreißigerjahre hatte wohl mehrere Ursachen. Die Unschlüssigkeit über die literarische Sprache mag nur eine davon sein. Seit Längerem suchte Beckett nach einem Verlag für *Murphy* und musste eine Absage nach der anderen einstecken. Womit er seinen Lebensunterhalt definitiv bestreiten sollte, stand genauso wenig fest, allerdings hatte er die Angebote diverser regelmäßiger Tätigkeiten in der Lehre und in der Wirtschaft bereits ausgeschlagen. Die Aussicht, all das hinter sich zu lassen, bestach: »The prospect of getting away is a great relief.«, schrieb er am 19.09.1936 an seinen Freund Thomas McGreevy, »My plans are none. Simply to get to Germany, & then selon le vent. I hope to be away a loong, loong time.« Am 30.09.1936 aus Le Havre: »Here for the day. On to Hamburg this evening. Wish I could stay where I am. The place is charming & the people… French.« In einem weiteren Brief vom 09.10.1936 an McGreevy finden sich die Sätze »It is nice to be away, but when I have seen the pictures &

18

struggled into the language I don't think I'll be sorry to go. I begin to think that Germany's charm is perhaps after all mainly for me a matter of associations.«, und ein paar Zeilen weiter notierte Beckett eine Ablehnung seines Romans: »Simon & Schuster turned down Murphy, with the usual kind words, brilliance, 5% appeal & ruisselant avenir.«

(Gegen Ende seines Lebens gab Beckett die Publikation mehrerer, sehr unterschiedlicher verstreuter Texte frei. Daraus wurde das Buch *Disjecta*. Das Spezielle daran ist, dass sich darin Texte auf Englisch, Französisch und Deutsch finden, und zwar ganz ohne Übersetzungen in eine der anderen Sprachen. Beckett war der Ansicht, gebildete Menschen sollten diese Sprachen verstehen können.)

Der Wechsel ins Französische vollzog sich sehr langsam, sozusagen schleichend, und Beckett scheint sich die längste Zeit selbst nicht darüber im Klaren gewesen zu sein. Am 03.04.1938 teilte er McGreevy mit: »I wrote a short poem in French but otherwise nothing. I have the feeling that any poems there may happen to be in the future will be in French.« Am 22.04.1938 fragte er bei seinem Literaturagenten und Freund George Reavey an, ob dessen European Literary Bureau Gedichte in Englisch *und* Französisch veröffentlichen würde. In diesen Jahren schrieb er auf Französisch primär Lyrik und machte Übersetzungen. Allerdings geht aus den Briefen hervor, dass Alfred Péron noch stark in die Übersetzung der beckettschen Prosa eingebunden war. Becketts Suche, wenn wir eine solche, die immerhin ein bis zu einem bestimmten Grad bewusstes Streben voraussetzt, als gegeben betrachten wollen, drückte sich auch in einer gewissen literarischen Untätigkeit aus, auf die der Autor in seinen Briefen verschiedentlich anspielte. Am 12.05.1938 formulierte er etwa: »I read nothing and write nothing, unless it is Kant (de nobis ipsis silemus) and French anacreontics.« Wenig kreative Produktion, kaum Lesen, aber Beschäftigung mit Kant – warum er den deutschen Philosophen ausgerechnet mit dem lateinischen Satz zitiert, dass »wir uns über uns selbst in Schweigen hüllen«, ließe zahlreiche und unterschiedliche Interpretationen zu; natürlich auch jene, dass ihn diese Worte einfach nur beeindruckten.

Es ist der Namenlose, *L'Innommable*, der einen Hinweis auf die andere Sprache gibt, ebenso wie auf das Schweigen, das im Œuvre Becketts zunehmend Raum einnehmen wird, wenn er im Buch schwadroniert: »…je n'ai que leur langage à eux, si si, je le dirai peut-être, même dans leur langage à eux, pour moi seul, pour ne pas ne pas avoir vécu en vain, et puis pour pouvoir me taire, si c'est ça qui donne droit au silence…« [*L'Innommable*, 64 f.] (»…ich habe nur ihre Sprache, oh ja, ich werde es vielleicht, sogar in ihrer eigenen Sprache sagen, ganz für mich allein, um nicht nicht umsonst gelebt zu haben, und dann, um schweigen zu können, wenn es das ist, was mir das Recht dazu gibt…« Er verwendet das Wort *langage* (Sprache im Sinne von Ausdrucksweise) und nicht *langue* (Sprache wie etwa das Französische). Geradezu schlüpfrig scheint mir hingegen die doppelte Verneinung *ne pas ne pas avoir vécu en vain*: Das kann eine Verstärkung der Verneinung im Redefluss, aber es könnte auch tatsächlich eine doppelte Verneinung sein, die dann aus dem »nicht umsonst gelebt haben« dezidiert ein »umsonst gelebt haben« macht. Die Wertung der anderen Sprache, einer Fremdsprache, bleibt also ungewiss. Natürlich sollte man dabei nicht übersehen, dass hier eine Romanfigur spricht und nicht unbedingt Beckett selbst. (Einen übersehenen Satzfehler können wir guten Gewissens ausschließen, da die doppelte Verneinung auch in der deutschen Übersetzung bei Suhrkamp steht und Beckett bekanntlich eng mit dem Übersetzerehepaar Tophoven zusammengearbeitet hat.)

A l'ivresse des jeunes pousses

Eine lebensgefährliche Verletzung in Folge eines Überfalls und der anschließende Krankenhausaufenthalt gaben den Startschuss zu Becketts lebenslanger Liebesbeziehung zu Suzanne Deschevaux-Dumesnil. Da sie kaum englisch sprach [KNOWLSON, 356], wechselte Beckett im Alltag nahezu durchgehend auf Französisch. Während des Krieges und der aufgrund des Verrats durch einen Priester nur kurzen Tätigkeit für die Résistance nutzte er beide Sprachen zur Vermittlung. In der unmittelbaren Nachkriegszeit hatte er in erster Linie mit Franzosen zu tun, und das ist auch die Zeit des *frenzy of writing* [KNOWLSON, 356], in welcher der Roman *Mercier et Camier*, die Romantrilogie *Molloy, Malone meurt*, und *L'Innommable*, die Theaterstücke *Eleutheria, En attendant Godot* und *Fin de partie* sowie vier kürzere Erzählungen, darunter etwa *Premier amour*, entstanden [RATHJEN, 75 ff.]. Die Romane der Trilogie verraten durchaus Ähnlichkeiten mit Marcel Prousts Monumentalwerk; hier wie da trifft der Leser auf den langen Monolog eines, auch in diesem Fall männlichen,

Ich-Erzählers, folgt den Gedanken und einer Vielzahl von Erinnerungen, Ausschweifungen und kleinen Erzählungen. Die Einleitung »Je suis dans la chambre de ma mère.« [*Molloy*, 7] (»Ich bin im Zimmer meiner Mutter.«) wurde berühmt, auch andere Phrasen geben eine Situationsbestimmung: »Situation présente. Cette chambre semble être à moi.« [*Malone meurt*, 13] (»Aktuelle Lage. Dieses Zimmer dürfte mir gehören.«). Eine Suada über drei Bände, deren sprechende Personen indes innerlichen Rückzug, Abgeschiedenheit, persönliches Elend und das Verstummen bereits ankündigen, denn alles arbeitet darauf hin: »...ça va être le silence, là où je suis, je ne sais pas, il faut continuer, je ne peux pas continuer, je vais continuer.« [*L'Innommable*, 213] (»da da wird Schweigen sein, da, wo ich bin, ich weiß nicht, man muss weitertun, ich kann nicht weitertun, ich werde weitertun.«)

Nahezu lebenslanges Lernen, intensive Lektüre und das selbstgewählte Umfeld vermittelten Beckett exzellente französische Sprachkenntnisse. Zudem ist es für einen Literaten, der in einer fremden Sprache schreibt, ein nicht zu unterschätzender Vorteil, jederzeit Muttersprachler sozusagen in

Rufweite zu haben, die man in Zweifelsfällen zu Rate ziehen kann. Samuel Beckett ließ die französischen Texte zwecks gemeinsamer Korrektur durchsehen und zwar von Mania Péron, der Witwe seines kurz nach der Befreiung aus dem KZ Mauthausen verstorbenen Freundes Alfred [KNOWLSON, 361]. Im Rückblick scheinen die ersten französischen Texte – das beginnt mit Gedichten in den Dreißigerjahren, setzt sich fort mit der Übersetzung des eigenen Romans *Murphy*, für deren Anfertigung kurzzeitig Alfred Péron vorgesehen war, und kulminiert in *Mercier et Camier*, wo es vor idiomatischen Wendungen und Sprachspielen geradezu wimmelt – auch eine Art Training oder Gesellenstücke gewesen zu sein.

Es sind die zirka zehn Jahre im Anschluss an den Zweiten Weltkrieg, die als die fruchtbarsten gelten und in denen fast alle Werke auf Französisch entstanden. Den Begriff des *frenzy of writing* hat der Autor selbst geprägt; er wurde den Briefen entnommen und fand seinen Weg in die Sekundärliteratur. Es klingt nach Ironie, dass er für die intensive Schaffensperiode in französischer Sprache ausgerechnet eine englische Bezeichnung wählte.

Die Suche nach der richtigen Sprache war vorerst beendet; Beckett befand sich auf dem Höhepunkt seines Schaffens, dessen Früchte seinen baldigen Ruhm begründen und ihm 1969 den Nobelpreis einbringen sollten.

Le Côté de Joyce

Becketts Rastlosigkeit zwischen der Zeit an der École Normale und dem Kriegsbeginn hing möglicherweise mit der irischen Geschichte zusammen, mit der erst vor Kurzem, nämlich 1921 erlangten Unabhängigkeit des Heimatlandes und mit der Reisefreudigkeit und der selbstgewählten »Diaspora« mancher irischer Schriftsteller in jenen Jahren. William Butler Yeats hauptsächlich in London, ebenso wie George Bernard Shaw und Elizabeth Bowen, dann Becketts Dichterfreund Thomas McGreevy in Paris, James Joyce vor dem Ersten Weltkrieg im damals österreichischen Triest und danach ebenfalls in Paris. Becketts Kontakte, insbesondere zu Yeats und Joyce, sind gut bekannt und belegt.

Die Bekanntschaft mit dem vierundzwanzig Jahre älteren Joyce war eine ganz besondere, denn während der Zeit an der Pariser École Normale betätigte Beckett sich quasi als dessen Assistent und unterstützte ihn bei den Recherchen zu *Finnegans Wake*. Mehrere Gemeinsamkeiten verbanden die beiden Iren, darunter vor allem die Liebe zu den Sprachen und zu Dante Alighieri. Joyce hatte einen guten Teil seines Lebens in Triest gelebt, mit seinen Kindern sprach er italienisch, und er hatte Artikel für italienische Zeitungen verfasst. Später verlagerte sich sein Lebensmittelpunkt nach Paris. In seinen Werken, insbesondere in *Finnegans Wake*, referenzierte Joyce in unerhörter, noch nie dagewesener Weise andere Sprachen, darunter Deutsch, Französisch, Griechisch, Latein und Gälisch. Der junge Beckett schätzte und verehrte seinen Landsmann; sein Engagement für ihn empfand er keineswegs als Ausgenutztsein, als das man es, von außen, durchaus sehen könnte, sondern er fühlte sich geehrt und glücklich, etwas für den bereits zu einer gewissen Berühmtheit gelangten Älteren tun zu dürfen [KNOWLSON, 97 ff.].

Joyce spielte eine gewichtige Rolle als Vorbild, als ein richtungsweisender irischer Autor und als Lehrmeister in Bezug auf die Sprache. Anscheinend empfand Beckett diese Rolle mit der Zeit als bedrückend, wenn nicht sogar erdrückend. In dieser Zeit, in den 1920er Jahren und danach, wurde ihm die englische Sprache parallel zu seinen ersten literarischen Gehversuchen allmählich unzureichend für seine Zwecke; er beschrieb sie als übergroß, schwatzhaft und von vielschichtigen Anklängen belastet, »overloaded with associations and allusions«, und sprach von »Anglo-Irish exuberance and automatisms«. Auf diese Weise suchte er den Wechsel ins Französische zu erklären oder gar zu rechtfertigen, er fühlte sich beim Schreiben in der anderen Sprache freier und meinte, darin flüssiger und rascher arbeiten zu können [KNOWLSON, 357].

Die geradezu besessen wirkende Ausreizung von Wortspielen und Allusionen könnte tatsächlich dem Einfluss von Joyce zu danken sein, obwohl sich aus der englischsprachigen Literatur durchaus eine Tradition in dieser Hinsicht ableiten lässt. Es sind die frühen Werke, wie *Dream of Fair to Middling Women*, *Murphy* und die Erzählung *Echo's Bones*, die es nicht mehr in *More Pricks than Kicks* geschafft hat, welche vor Becketts damaligem Wissen geradezu überborden und in ihrer Art eine verblüffend spürbare Nähe zu *Ulysses* und *Finnegans Wake* aufweisen. Durch Becketts gesamte Schaffensperiode zieht sich eine penible Auswahl (und Kreation) von Eigennamen und phonetischen Andeutungen. Das doppelbödige *what?* von *Watt* nimmt sich ausgesprochen plakativ aus, wobei eine Reihe weiterer Hintergründe und Bezugnahmen denkbar ist [ACKERLEY, 28], ebenso *not* von *Mr. Knott;* die zahlreichen Ms — *Molloy, Moran, Malone, Murphy* — sind legendär, sogar *Winnie* aus *Happy Days* hätte ursprünglich *Mildred* heißen sollen [KNOWLSON, 475], aber es war wohl ein Glücksfall der Literaturgeschichte, dass Beckett diesen langweiligen Allerweltsnamen fallen ließ, zugunsten von *Winnie* (in Anlehnung an *More Pricks than Kicks*), die ironisch mit *to win* liebäugelt und auf phonologischer Ebene sich mit ihrem Ehemann *Willie* und *to will* paart. Die Namen der Protagonisten *Hamm* und *Clov* sowie *Nagg* und *Nell* aus *Fin de partie* spielen auf Hammer und Nagel (frz. clou, dt. Nagel, eng. nail) an. Im Titel des französisch geschriebenen Romans *Comment c'est/Wie es ist* schwingt zweifellos das Verb *commencer/beginnen* mit; nicht einmal in die englische Übersetzung von eigener Hand konnte Beckett dieses Wortspiel mitnehmen. *Comment c'est* ist jenes Buch, das mit den traditionellen Romanstrukturen am kompromisslosesten bricht und den späteren TV-Spielen frappant nahe steht — Gilles Deleuze meint dazu, hier

30

begänne eine neue Sprachperiode im Schaffen des irischen Dichters.

Der Prozess der Loslösung von Joyces Einflüssen dauerte mindestens zwei Jahrzehnte, und die Entstehungsgeschichte der Texte – in beiden Sprachen – zeigt überdies, dass es niemals einen abrupten Wechsel gegeben hat oder eine vollständige Ablöse des Englischen durch das Französische. In einer Zeit, als er sich stärker dem Französischen zuwandte und fast ausschließlich in einem französischsprachigen Umfeld lebte, nämlich während des Zweiten Weltkriegs, schrieb er den Roman *Watt* auf Englisch. Der eigentliche »Schreibrausch« und das Entstehen der französischen Hauptwerke fallen in die unmittelbare Nachkriegszeit. Mit der Loslösung von den angloirischen Fesseln und dem Englischen verlor Beckett gewissermaßen zum ersten Mal eine Sprache. Womöglich war die anschließende intensive Arbeit an den französischen Werken eine Art Gegenbewegung, ein Ausgleich, den der Sprachkreative wie einen Bissen Brot brauchte. *Mercier et Camier* und die anderen Werke dieser Periode sprudeln vor Lebendigkeit und sprachlicher Opulenz. Erst nach und nach schlich sich ein gewisser Argwohn gegenüber der zwischenmenschlichen Kommunikation und der Vertrauenswürdigkeit der Sprache ein. Die Dialoge der beiden Protagonisten in *En attendant Godot* überbrücken eigentlich nur die Zeit und dienen dazu, die Ereignislosigkeit mit im Grunde inhaltslosem Geschwafel zu füllen [RATHJEN, 91 f.]. Dem entspricht zudem die allmähliche Zuwendung zu kürzeren Texten, zu Theater, Hörspiel und kürzeren Prosatexten, die nun ebenfalls inhaltlich immer weniger hergeben. Hier verlor Beckett zum zweiten Mal eine Sprache.

Führte die – selbst herbeigeführte – Entfernung von Joyce zu einer Entfremdung von der englischen Sprache und danach von der Sprache an sich?

Eine solche Schlussfolgerung wäre allenfalls spekulativ. Aus den Briefen lässt sich solches meines Erachtens nicht herauslesen, und sogar Aussagen von Freunden, die in eine solche Richtung weisen, sollte man zumindest als persönliche Interpretationen werten. Viel reizvoller klingt hingegen die Typisierung, die Dirk Van Hulle in seinem Buch *Manuscript Genetics, Joyce's Know-How, Beckett's Nohow* präsentiert und die auf diverse, von Freunden und Bekannten kolportierte Äußerungen des Schriftstellers selbst zurückgehen soll: Während Joyce eifrig Material sammelte und sein Werk, mit dem er die ganze Welt in möglichst vielen Details erfassen wollte, unermüdlich anreicherte, beschritt Beckett den umgekehrten Weg, reduzierte und komprimierte seine Texte so lange, bis lediglich deren Essenz übrig blieb [VAN HULLE, 118 f.]. Während Beckett in *Echo's Bones* auch so etwas wie die ganze Welt hineinstopfte, lesen sich die kurzen Sätze von *Mal vu mal dit* wie ein sprachliches Skelett. Den bekannten Arbeitstitel *work in progress* für Joyces *Finnegans Wake* kontrastierte Beckett mit *work in regress* als Charakterisierung seiner eigenen Arbeit.

Dublin et Paris

Kann ein Schriftsteller in einer Fremdsprache
– selbst wenn er sie exzellent beherrscht –
tatsächlich Texte in der gleichen Qualität wie
in seiner Muttersprache schreiben? Beckett
dürfte zeit seines Lebens einen schwachen,
aber doch hörbaren Akzent im Französischen
gehabt haben, und die sehr unterschiedlichen
Wahrnehmungen von Weggenossen in dieser
Hinsicht [LÉGER, 110 f.] lassen sich ohne
Weiteres auf die jeweilige Tagesverfassung
des Sprechers zurückführen. Indes kann man,
wie Linguisten bisweilen betonen, vom Akzent
nicht auf die syntaktische und semantische
Kompetenz schließen.
Der katalanische Dichter und Sprachwissen-
schaftler Francesc Vallverdú deutet in einem
bereits Anfang der 1960er Jahre erschienenen
Buch an, dass, bei genauer Analyse, das Vo-
kabular zweisprachiger Autoren, wenn sie in
ihrer »Zweitsprache« schrieben, ärmer sei,
als wenn sie ihre Texte in ihrer Mutter- oder
Erstsprache verfassten [VALLVERDÚ, 75 ff.].
Diese Aussage klingt hochinteressant, könnte
jedoch nur durch akribische statistische

Computerauswertungen der entsprechenden Texte verbindlich verifiziert oder falsifiziert werden, und sogar dann stellt sich die Frage, ob der Umfang des genutzten Vokabulars tatsächlich den Wert eines literarischen Textes determiniert oder überhaupt beeinflusst. Zudem verraten die Ausführungen Vallverdús auch einen politischen Standpunkt, denn ihm ging es – während der Franco-Diktatur – in gleicher Weise darum herauszustreichen, dass katalanische Schriftsteller qualitativ äquivalente oder sogar bessere Texte erzeugen würden, wenn sie katalanisch und eben nicht spanisch schrieben. Ebenso scheint ein bekanntes Faktum aus der französischen Literaturgeschichte eine etwaige Spracharmut in der Zweitsprache zu konterkarieren: Molière verwendete in seinen Theaterstücken etwa dreimal so viele unterschiedliche Wörter wie Jean Racine in den seinen. Die beiden Dramatiker lebten zur selben Zeit und zählen ebenbürtig zu den Granden der klassischen französischen Literatur. Beide waren geborene Franzosen und verwendeten ihre Muttersprache. In diesem speziellen Fall könnten bloß Unterschiede zwischen Komödie (bei Molière) und Tragödie (bei Racine) eine Rolle

36

spielen oder auch die bürgerliche bzw. amts-
adelige Herkunft der beiden. Hingegen gab
es in keinem der beiden Fälle eine Zweit-
oder Fremdsprache.

Beckett selbst scheint ja, als hätte er eine
solche Unterstellung vorausgesehen, mit dem
bereits genannten sprachlichen Meisterwerk
Mercier et Camier unmissverständlich etwaige
freche Mäuler gestopft zu haben. Ich möchte
daher die Frage nach der literarischen Qualität in der Zweitsprache angesichts der vielen
prominenten und anerkannten Beispiele in
der Literaturgeschichte – Dante und Petrarca,
Morus, Donne, Ungaretti, George, Green,
Pla, Nabokov, Ionesco, Sebestyén, Haderlap
und Maljartschuk, um jene herauszugreifen,
die mir sofort auf der Zunge liegen – dezidiert
positiv beantworten.

L'Inlassable

Allen zwei- und mehrsprachigen Schriftstellern ist gemein, dass sie als Mittler zwischen den Kulturen auftreten. Einerseits transportieren sie spezifische, einer bestimmten Kultur eigene Inhalte in eine andere Sprache und somit einen anderen Kulturkreis, andererseits betätigen sie sich als Übersetzer; Übersetzer in die Muttersprache oder auch Übersetzer in die Fremdsprache. Von Valery Larbaud ist bekannt, dass er die Übersetzung von Joyces *Ulysses* quasi überwachte. Vladimir Nabokov machte die russische Gesellschaft auch für Angloamerikaner spürbar, ähnlich wie später Dimitré Dinev die bulgarische ins Licht der deutschsprachigen Literatur holte. Frédéric Mistral rückte mit den Übersetzungen des eigenen Werkes die okzitanische Kultur ins Bewusstsein der Franzosen, Najat El Hachmi verankerte hundert Jahre später ihre berberisch-maghrebinischen Wurzeln fest in der zeitgenössischen katalanischen Literatur.

Und Beckett? Die Sekundärliteratur vermerkt an mehreren Stellen wohlwollend, dass nahezu die Gesamtheit von Becketts Schriften in den beiden Sprachen Englisch und Französisch existiert – das ist primär dem Zutun des Autors selbst zu danken. Nicht unterschätzen sollte man zudem die kulturellen Einflüsse, die sich in beide Richtungen auswirken: Dass zahlreiche Erlebnisse, Begegnungen und Erfahrungen Einzug ins Œuvre des Iren hielten, präsentieren Kommentatoren wie Knowlson oder Léger als gesichert und belegen dies mit einer Vielzahl von Beispielen. Während der frühen Pariser Jahre beteiligte sich Beckett an der ersten Übersetzung von Joyces *Finnegans Wake* ins Französische. Etwas später übersetzte Beckett unter anderem Texte von André Breton und Robert Pinget ins Englische, und es liegen Übersetzungen aus dem Italienischen und Spanischen vor; Pinget übersetzte übrigens Hörspiele von Beckett ins Französische. Eine weitere Facette der Kulturvermittlung findet sich in Becketts Anmerkungen zur bildnerischen Kunst, und hier schöpfte er viel aus den Kontakten zu deutschen Künstlern, wie die erst nach seinem Tod entdeckten *German Diaries* sowie zahlreiche Briefe belegen.

Betrachten wir nun die Übersetzungen der eigenen Schriften: Samuel Beckett übertrug diese aus dem Englischen ins Französische, so etwa in den 1930er und 1940er Jahren *Murphy* und *Watt*, und er übersetzte andere Werke aus dem Französischen ins Englische, so etwa *Molloy* und *Malone meurt*. Über eine solche Selbstübersetzung, die französisch *autotraduction* und englisch *self-translation* heißt, gibt es bisher eher wenige wissenschaftliche Betrachtungen; die Translationswissenschaft scheint diese spezielle Art der Übersetzung in der Regel auszusparen, und wenn man die spärliche vorhandene Literatur sichtet, fällt auf, dass keine einheitliche Beurteilung der Qualität von Selbstübersetzungen vorliegt bzw. fraglich ist, welche Qualitätsmaßstäbe überhaupt angelegt werden sollen. Wenn ein Schriftsteller die eigenen Texte in eine zweite Sprache übersetzt, liegt erstens in gewisser Weise eine ideale Ausgangssituation vor, denn niemand anders kennt den Text und seine – selbst die verborgenen! – Bedeutungen auch nur annähernd so gut wie er; zweitens hat die Autorin oder der Autor alle Freiheiten bei der Übersetzung, weil die Auflösung jeden Zweifels eine autonome Entscheidung ist und diese niemals der Intention einer anderen Person zuwiderlaufen kann. Allerdings gilt es drittens zu bedenken, dass der Urheber des

Textes durch die ganz persönliche Gedankenwelt möglicherweise auch eingeschränkt oder darin gefangen ist und gewisse – etwa viel freizügigere – Übersetzungsmöglichkeiten gar nicht erst ins Auge fasst. George Craig weist im Vorwort zur Ausgabe der Briefe darauf hin, dass Beckett die Übersetzungstätigkeit durchaus als belastend und schwierig empfand, nicht zuletzt wegen der bisweilen ambivalenten Einstellung gegenüber der eigenen Muttersprache.

Trotz der unbestreitbaren Vorteile lauern folglich auch Gefahren in der Selbstübersetzung. Beckett mag sich dessen bewusst gewesen sein, weil er beim Übersetzen oft Rat von andern einholte, mitunter eine Partnerin oder einen Partner in die Übertragung der Texte einband oder überhaupt von einer anderen Person übersetzen ließ. Der Satz »traduit de l'anglais en collaboration avec l'auteur« findet sich auf dem Titelblatt so manchen Buches. Edith Fournier, jahrzehntelange Freundin des Ehepaars Beckett und ehemalige Schülerin von Mania Péron, wurde zur wichtigsten Übersetzerin englischer Werke ins Französische [KNOWLSON, 484]. Dass Beckett selbst etwas mehr aus dem Französischen ins Englische übersetzte statt umgekehrt, folgt wohl der immanenten Logik der – eventuell sogar verkannten – Muttersprache. Ungeklärt bleibt indes, wie intensiv er beim Übersetzen ins Englische nicht dieselbe Überfrachtung der Sprache empfand, über die er sich bei der Rechtfertigung seines Sprachwechsels ins Französische mehrmals beklagt hat.

Die Texte liegen in beiden Sprachen vor und sind der Öffentlichkeit zugänglich. Somit ist es jedem Interessierten ein Leichtes, sie miteinander zu vergleichen und Becketts Selbstübersetzung einer genauen Prüfung zu unterziehen. Aus »Murphy's mind pictured itself as a large hollow sphere, hermetically closed to the universe without. This was not an impoverishment, for it excluded nothing that it did not itself contain. Nothing ever had been, was or would be in the universe outside it but was already present as virtual, or actual, or virtual rising into actual, or actual falling into virtual, in the universe inside it.« in *Murphy* wurde »L'esprit de Murphy s'imaginait comme une grande sphère creuse, fermée hermétiquement à l'univers extérieur. Cela ne constituait pas un appauvrissement, car il n'excluait rien qu'il ne renfermât en lui-même. Rien n'avait été, ni n'était, ni ne serait, dans l'univers extérieur à lui, qui ne fût déjà présent, soit en puissance, soit en acte, soit en puissance montant vers l'acte soit en acte déclinant vers la puissance, dans l'univers intérieur à lui.« [*Murphy*, engl. 69, frz. 100]. Im viel später geschriebenen Kurzroman *Company* übersetzte er »M so far as follows. On his back in a dark place form and dimensions yet to be devised. Hearing on and off a voice of which uncertain whether addressed to him or to another sharing his situation.« mit »M jusqu'à présent comme suit. Sur le dos dans un lieu noir à la forme et aux dimensions encore à imaginer. Entendeur par intermittence d'une voix dont parfois il se demande si elle lui est destinée à lui plutôt qu'à un autre logé à la même enseigne.« [*Company/Compagnie*, engl. 29, frz. 60]. Der letzte Satz in diesem Beispiel klingt in der Übersetzung zwar eine Spur personeller, doch hängt das mit der stärkeren Rolle der Personalpronomina im Französischen zusammen. Neugierig machen ja jene Passagen, die gar nicht mehr englisch oder französisch sind, sondern eher nach Nonsens klingen. Obwohl Leserinnen und Leser auf den ersten Blick eine direkte Übernahme erwarten könnten, wandelte sich etwa in *Watt* die Passage »Lit yad mac, ot og. Ton taw, ton tonk. Ton dob, ton trips. Ton vila, ton deda. Ton kawa, ton pelsa. Ton das, ton yag. Os devil, rof mit.« zu »Rop rinif, sucer egnoc. Sap tav, sap tonk. Sap sproc, sap tirpse. Sap fiv, sap trom. Sap fitca, sap fissap. Sap enrom, sap iag. Snia siv, rop smet.« [*Watt*, engl. 143, frz. 173] Sobald man jedoch erkennt, dass diese Wörter sehr wohl mit der jeweiligen Sprache zu tun haben und groß-teils die Buchstaben in umgekehrter Reihen-folge geschrieben, um nicht zu sagen: aufge-listet, wurden, dann ergibt diese Übersetzung plötzlich Sinn: engl. »trips« kommt von »spi-rit« ebenso wie frz. »tirpse« von »esprit«. Für die umgekehrte Sprachrichtung entsteht ein vergleichbarer Effekt. In *Fin de partie* wurde beispielsweise »Dans ma maison. *Un temps. Prophétique et avec volupté :* Un jour tu seras aveugle. Comme moi. Tu seras assis quelque part, petit plein perdu dans le vide, pour tou-jours, dans le noir. Comme moi. *Un temps.* Un jour tu te diras, Je suis fatigué, je vais m'asseoir, et tu iras t'asseoir. Puis tu te diras, J'ai faim, je vais me lever et me faire à manger. Mais tu ne te lèveras pas.« zu »In my house.

Pause. With prophetic relish: One day you'll be blind, like me. You'll be sitting there, a speck in the void, in the dark, for ever, like me. *Pause.* One day you'll say to yourself, I'm tired, I'll sit down, and you'll go and sit down. Then you'll say, I'm hungry, I'll get up and get something to eat. But you won't get up.« [*Endspiel/Fin de partie/Endgame*, engl./frz. 52] Bei Suhrkamp erschienen zahlreiche dreisprachige Werkausgaben, die den direkten Vergleich kommod machen.

Nach diesen Beispielen, mit deren Hilfe sich jeder selbst ein erstes Bild machen kann, sei jedoch auf linguistische Untersuchungen von Becketts Übersetzungen hingewiesen, die zumeist zu einem übereinstimmenden Schluss kommen: Jan Walsh Hokenson und Marcella Munson fassen eine Reihe dieser Urteile in ihrem Buch *The Bilingual Text* zusammen. Obwohl Samuel Beckett nämlich sehr klare Vorstellungen von einer guten und neutralen Übersetzung hatte, gemäß denen der Zieltext erstens denselben Effekt wie der Quelltext haben und zweitens vom Original so wenig wie möglich abweichen sollte, verfuhr er bei der Übersetzung der eigenen Werke entschieden freier und änderte zum

Teil nicht nur den gesamten Grundton, sondern fügte auch Sätze hinzu oder löschte welche. »When he came to translate his own work, however, Beckett made radical amplification and diminution an integral part of his translative practice, and he clearly sought to transpose the 'effects' in one language into another.« [HOKENSON/MUNSON, 191] Bei der Übersetzung von *Murphy* wurde aus dem englischen »mockingly elegant tone« bereits ein »heightened comic tone« im Französischen [HOKENSON/MUNSON, 192]. In Becketts englischer Übersetzung von *En attendant Godot* fehlen insgesamt nahezu vier Seiten Text; bei anderen Werken wurden einzelne Sätze hinzugefügt. Becketts Englisch, so schreiben die Autoren, sei emotionaler und nuancierter, das Französisch oft in einem kühleren, neutraleren Ton gehalten. Im Englischen gibt es mehr Sprachspiele, im Französischen dafür mehr Kolloquialismen. Auf diese Weise entstehen in gewisser Weise zwei originale Werke, die jedenfalls nicht ganz deckungsgleich sind. Ein womöglich hartes, wenngleich in literaturwissenschaftlicher Hinsicht reizvolles Urteil ist dieses folgende: »Thus Beckett did not produce translations, but rather additional texts.

Bilingual reading bifurcates in contradictions.«
[HOKENSON/MUNSON, 194]

Selbst die Titel sind vor semantischem Abdriften nicht gefeit. So habe ich mich stets gewundert, wieso das Theaterstück *Fin de partie* als *Endgame* übersetzt wurde – die deutsche Version *Endspiel* folgt übrigens der englischen Variante. Eigentlich müsste *Fin de partie* doch *End of Game* (oder gar *Game over*)/*Spielende* lauten, und umgekehrt entspräche *Endgame/Endspiel* im Französischen etwa dem Ausdruck *Partie finale* oder *Partie terminale* (was entschieden unästhetischer klingt, wenngleich auch *Ultime Partie* möglich wäre).

Die Übersetzungen folgen also einer ganz eigenen dichterischen Freiheit. Von zwei gewissermaßen originalen Werken auszugehen gewinnt auf diese Weise Gewicht. Die Fachliteratur spricht von »bilingualen Werken« [HOKENSON/MUNSON, 1]: Das sind nun literarische Werke, die vom Autor selbst in eine zweite Sprache übersetzt wurden und möglicherweise den strengen Beurteilungsmaßstäben für Übersetzungen nicht durchgehend entsprechen, die aber vom Autor exakt so für die zweite Sprache intendiert wurden. Vereinzelt ist sogar die Rede davon,

48

dass die beiden Sprachversionen eine Einheit bilden, das heißt, dass eine Version ohne die andere gewissermaßen unvollständig wäre [HOKENSON/MUNSON, 10]. Die Personalunion des Schriftstellers und des Übersetzers führt zu zwei ganz und gar independenten literarischen Werken oder eben zu einem zweisprachigen Gesamtwerk!

Bilinguale Werke wie jene von Beckett stellen aber Übersetzungsprojekte für weitere Sprachen vor eine ganz besondere Herausforderung: Welches der beiden Originale (!) soll eigentlich übersetzt werden? Basiert eine deutsche, spanische, russische Übersetzung von *En attendant Godot/Waiting for Godot* auf der französischen oder der englischen Version? Es ist bekannt, dass Beckett mit den deutschen Übersetzern, insbesondere mit dem Ehepaar Erika und Elmar Tophoven, eng zusammengearbeitet hat, ebenso wie mit den italienischen. Ich vermute daher, dass er selbst vorgab, welche Quellversion herangezogen werden müsse. Übersetzer in andere Sprachen waren und sind indes auf sich allein gestellt und sehen sich mit der Notwendigkeit konfrontiert, eine Grundentscheidung zu treffen. Um eine etwaige Verfälschung zu vermeiden, sollten eigentlich zwei Übersetzungen angefertigt werden, von denen eine auf der französischen und eine auf der englischen Fassung basiert; auf einen solchen Aufwand wird sich jedoch kaum ein Verlag einlassen. Ein möglicher Ausweg aus diesem Dilemma wäre, die ganz spezielle Vorgangsweise des irischen Autors zu kopieren: Auf der Suche nach seiner Sprache schuf Beckett unterschiedliche Versionen seines Œuvres, die er insofern für deckungsgleich hielt, als sie beim englisch- und französischsprachigen Publikum eine gleichartige Wirkung erzeugen sollten. Das Stück *Happy Days/Oh les beaux jours!* gilt hierfür als Paradebeispiel. Denn es arbeitet intensiv mit Zitaten und kulturell geprägten Anspielungen, und während Beckett in der englischen Fassung beispielsweise Shakespeare, Milton und Gray zitierte und bekannte Sätze aus der King James Bible anführte, ersetzte er dies in der französischen Übersetzung durch Auszüge von Racine, Hugo, Verlaine und der französischen Bibel. Hält man in translatorischer Hinsicht höchste Texttreue für erstrebenswert, dann ist diese Vorgangsweise haarsträubend, doch wenn das Erzielen eines gleichartigen Effektes beim

50

neuen Zielpublikum in Vordergrund steht, dann wirkt sie geradezu vorbildlich. Auf diese Weise könnte bei jeder Übersetzung in eine neue Sprache ein originäres Werk geschaffen werden, das sich des kulturellen Umfeldes der Zielsprache bedient – indes mit Beckett zwangsläufig etwas weniger zu tun hat.

Aber warum nahm er solche Anstrengungen überhaupt auf sich? Jeder, der auch nur einmal versucht hat, ein literarisches Werk in eine andere Sprache zu übertragen, weiß, welche Mühsal dies bedeutet und wie viel Aufwand es erfordert, um am Ende eine gute oder zumindest akzeptable Übersetzung zu erreichen. Dieser Aufwand wird keineswegs geringer, wenn es sich um das eigene Werk handelt, also bei einer Selbstübersetzung – hier darf ich aus eigener Erfahrung sprechen. Wie viel einfacher wäre es, die Bücher, sobald sie geschrieben und publiziert sind, einer Übersetzerin oder einem Übersetzer in die Hand zu drücken und nur mehr für Rückfragen verfügbar zu bleiben, sich ansonsten aber kaum mit den Spitzfindigkeiten sprachlicher Untiefen herumzuschlagen! Samuel Beckett schien daran gelegen, alle Werke so rasch wie möglich in »seinen« zwei Sprachen vorliegen

zu haben; aber am besten aus seiner eigenen
Feder, sodass möglichst wenig davon, aus
seiner Sicht, verfremdet würde – wie penibel
er an sprachlichen Feinheiten sowie auch
dramaturgischen Details festhielt, ist vielfach
überliefert. Alles Muttersprachliche spiegelte
er ins Französische, und das, was er im Französischen vollbracht hatte, in seine Muttersprache zurück. »J'ai toujours eu la manie de
la symétrie« [*Molloy*, 115] (»Ich hatte stets
diesen Zwang zur Symmetrie.«), monologi-
siert Molloy – Selbstprojektion und Offenba-
rung des Autors? Ich plädiere dafür, Becketts
selbstübersetzerischer Leistung endlich einen
ebenbürtigen Platz neben seiner literarischen
einzuräumen.

Parole disparue

In der letzten Schaffensperiode wurden die Romane selten, Becketts letzter umfangreicher Prosatext war *Comment c'est* 1961. Die zweite Romantrilogie aus den Neunzehnachtzigern, *Company/Mal vu mal dit/Worstward Ho* ist vom Umfang her kein Vergleich mehr – diese drei Romane umfassen zusammen nur knapp über hundert Seiten. Neben den kürzeren Erzählungen verfasste Beckett vor allem Theaterstücke, Hörspiele und Fernsehproduktionen. Dialoge und Monologe drücken Eventualität und Negation aus [COULMAS, 642], sie arbeiten mit entsprechenden Füllwörtern, teils umständlichen Einleitungen und impliziten Distanzierungen der Sprecher vom Gesagten. »Nommer, non, rien n'est nommable, dire, non, rien n'est dicible...« [*Nouvelles et Textes pour rien*, 190] (»Benennen, nein, nichts ist benennbar, sagen, nein, nichts ist sagbar...«) klingt geradezu programmatisch. Dass die gesprochene Sprache an Bedeutung verliert, verrät die Tatsache, dass manche Stücke und vor allem TV-Produktionen fast ausschließlich oder tatsächlich durchgängig aus Regieanweisungen bestehen. *Quad* ist ein glänzendes Beispiel dafür: Diese TV-Produktion gibt optische Eindrücke von Bewegung und hat viel mit geometrischen, also mathematischen Überlegungen zu tun; aber das, was man von Literatur erwartet, fehlt hier gänzlich. In den Hörspielen wurden Musiksequenzen gleichbedeutend mit dem Redetext eingearbeitet, wodurch auch sie sich von der herkömmlichen Art eines Hörspiels entfernten. Selbstverständlich ließe sich argumentieren, dass bei Radio und Fernsehen ein ganz anderes Medium zum Zug kommt, doch hat Samuel Beckett sich meines Wissens niemals dezidiert als Medienkünstler verstanden. Friedhelm Rathjen spricht freilich auch von einer Schreibblockade, vom Ausgelaugtsein nach der fruchtbaren Schaffensperiode, das sich nach dem Erhalt des Nobelpreises 1969 aufgrund von Becketts Scheu vor der Öffentlichkeit verstärkte [RATHJEN, 108 f.]. Nicht nur, dass die Regieanweisungen in den Vordergrund rückten, Beckett wünschte zudem, dass sie lückenlos befolgt würden. Die Sprache, Grundvehikel jedweden literarischen Ausdrucks, ließ er in gewisser Weise fallen, doch wollte er das Geschehen auf der Bühne, im Fernsehen und im Hörspiel vollständig überblicken und kontrollieren, so, als brauchte er einen Ausgleich.

Beckett empfand Unbehagen vor seiner deutlich geringeren Textproduktion. Es ist jedoch keineswegs so, dass seine schriftstellerische Arbeit zu einem gänzlichen Stillstand gekommen wäre. Laufend erschienen Werke von ihm, allerdings spärlicher und dünner und zumeist in einer auf das Notwendigste reduzierten Sprache. Fast hat es den Anschein, als hätte das Schreiben seine Existenzberechtigung verloren, als mangelte es ihm an Sinn und verstieße gegen das unausgesprochene Faktum, dass Worte ihren Zweck grundsätzlich und ganzheitlich verfehlten. »All writing is a sin against speechlessness.« [zitiert nach ATIK, 95].

Der faktische Rückzug vom sprachlichen Ausdruck wirkt wie eine zweite Flucht. Die Befreiung vom joyceschen Einfluss liegt allerdings Jahrzehnte zurück, und dass Beckett in dieser Periode mal englisch mal französisch schreibt, also keine der beiden Sprachen mehr bevorzugt, ergibt ein homogenes Bild: Es ging ihm nicht mehr um die Zurückdrängung einer ganz bestimmten Sprache, sondern um eine Entwertung des gesamten sprachlichen Ausdrucks. Die bereits genannte Trilogie *Company/Mal vu mal dit/Worstward Ho* zeigt die neue Indifferenz der beiden Sprachen sehr deutlich, denn das erste und dritte Buch schrieb Beckett auf Englisch, das zweite auf Französisch – doch gleich im Anschluss übersetzte er selbst die englischen ins Französische und das französische ins Englische. Der Schriftsteller hat einerseits, so könnte man ins Feld führen, seine englische Muttersprache wiedergefunden und gleichberechtigt neben das Französische gestellt, andererseits entzog er beiden das Vertrauen und ließ die Protagonisten seiner Stücke lieber schweigen oder legte ihnen Floskeln in den Mund. Die Prosatexte zeigen vergleichsweise wenig Inhalt, aber reizen Sprachliches bis ins Letzte aus, arbeiten mit radikalen Verkürzungen und Wiederholungen, und optisch verzichten sie mitunter auf die Satzzeichen. In *Worstward Ho* finden sich die Passagen »First the bones. On back to them. Preying since first said on foresaid remains. The ground. The pain. No bones. No ground. No pain. Why up unknown. At all costs unknown. If ever down. No choice but up if ever down. Or never down. Forever kneeling. Better forever kneeling. Better worse forever kneeling. Say from now forever kneeling. So far from now forever kneeling. So far.« oder »Gnawing to be gone. Less no good. Worse no good. Only one good. Gone. Gone for good. Till then gnaw on. All gnaw on. To be gone.« Diese Sätze wirken wie das Herunterleiern eines Gebetes, ein Wort ergibt das andere; nicht Ereignisse oder Handlungen bestimmen den Textfluss, sondern Assoziationen auf lexematischer und morphemischer Ebene. Mit der lebendigen Dialogakrobatie der frühen Werke hat das nichts mehr zu tun. Diese Texte scheinen sich eher auf eine noch verbleibende Essenz einzuschießen; das ist gleichzeitig Sprachverlust und Endpunkt, was wiederum den Titel des Einakters *Fin de partie* evoziert.

Wenn die Sprache, oder besser: die ausformulierte Sprache, in den Hintergrund tritt, dafür Raum und Schweigen eine Aufwertung erfahren, dann erinnert das frappant an eine von Becketts Freunden überlieferte Verhaltensweise des Künstlers: Manchmal blieb er, wenn er mit Freunden in einer Bar zusammentraf, für eine unangenehm lange Zeit in sich gekehrt, was sich dadurch äußerte, dass er einfach schwieg [ATIK, 11]. Eine Art Vorwegnahme des Verhaltens seiner späten Protagonisten? Distanzierung von der Sprache? Oder einfach ein Rückzug zum Nachdenken. Gleichzeitig gewinnt die Musik an Gewicht. Musikalische Untermalung oder Geräusche, die das Geschehen auf der Bühne oder auf dem Fernsehschirm begleiten. Beckett liebte Musik, er spielte Klavier mit Anne Atik und Avigdor Arikhas Töchtern, und er genoss die Musikalität der lyrischen Sprache, lobte das schillernde Spiel der Vokale und Konsonanten bei Apollinaire, Shakespeare und anderen Dichtern, die er wertschätzte [ATIK, 119]. Dass nun tatsächlich die von der Sprache unabhängige Musik an die Stelle von Worten trat, scheint eine logische Folge zu sein. Zudem machten sich nach dem Verlust wichtiger Lebensfreunde eine gewisse Einsamkeit und Traurigkeit breit [KNOWLSON, 686]. Drei Jahre vor seinem Tod soll Beckett diese überaus denkwürdige Feststellung getroffen haben: »Language gone. Heart gone.« [zitiert nach ATIK, 122].

Wenn der Textfluss und die Worte immer mehr reduziert werden und auf das Wesentliche (was immer das ist) fokussieren, ist es dann nicht folgerichtig, dass die Einzelwerke einen immer geringeren Umfang aufweisen?

Gilles Deleuze stellt die sprachliche Entwicklung in Becketts Werk auf andere Weise dar. In seinem umfangreichen Nachwort zu *Quad* rückt er eine Erschöpfung in den Vordergrund und bezieht diese gar nicht so sehr auf den Autor, sondern auf die Inhalte und Themen, die vom Autor bearbeitet werden. Er betitelte dieses Nachwort *L'Épuisé* – *Der Erschöpfte*, was auf Deutsch aber ebenso gut *Das Erschöpfte* heißen kann (folgerichtig übersetzten die Tophovens: *Erschöpft.*) Vor allem jedoch kategorisiert er die Werke in drei – zeitlich einander überlappende – Phasen, denen jeweils eine »Sprache« zugeordnet ist. »Langue I« ist die gegenständliche, kommunikative Sprache der Romane, insbesondere der frühen Romane. »Langue II« nimmt ihren Anfang zwar im Roman, insbesondere in *Comment c'est*, entwickelt sich aber mit ihren Worthülsen, vorgefertigten Kommentaren und immer dünner werdenden Floskeln über das Theater hin zu Hörspiel und Fernsehen; diese Sprache nimmt den Raum in Besitz und arbeitet in diesem Zusammenhang vermehrt mit Bildern. Dass Beckett einen Prosatext,

den er zwar schon in den Fünfzigerjahren
geschrieben, aber erst kurz vor seinem Tod
veröffentlicht hat, *L'Image* nannte, ist gewiss
kein Zufall. Schließlich blendet »Langue III«
das gesprochene Element mehr oder weniger
gänzlich aus und nutzt das Bild ebenso wie
den Raum für den Ausdruck, manchmal auch
Musik [DELEUZE, 74].

Zu den Eigenschaften des Bildes erklärt
der Kulturphilosoph: »Ce qui compte dans
l'image, ce n'est pas le pauvre contenu, mais
la folle énergie captée prête à éclater, qui fait
que les images ne durent jamais longtemps.«
[DELEUZE, 76] (»Beim Bild kommt es nicht
auf den armseligen Inhalt an, sondern auf die
in ihm enthaltene irrsinnige Energie, die jederzeit zur Eruption bereit ist und die be-
wirkt, dass die Bilder nie lange verbleiben.«).
Becketts Texte, insbesondere die Bühnen-
und TV-Stücke, können gemäß diesen Defi-
nitionen genau eingeordnet werden. So führt
Deleuze etwa an, dass *Quad* Raum mit Stille
kombiniert und *Ghost Trio* Raum mit einer
Präsentationsstimme und Musik, während
Nacht und Träume Bild mit Stille, Gesang und
Musik verbindet. Diese zuletzt Genannten
fallen natürlich alle unter Langue III.

Die Reduktion der Sprache korreliert indes mit Becketts Furcht vor einer völligen Schreibblockade, die sich gegen Ende seines Schriftstellerlebens allmählich abzuzeichnen schien: »He had lived so long with the constant fear that inspiration would at last completely dry up. Now it seemed to have happened.« [KNOWLSON, 684]. Und schlimmer: »His failure to write anything substantial was a constant source of frustration and annoyance to him.« [KNOWLSON, 688]. Der letzte Prosatext, *Stirrings Still* bzw. *Soubresauts*, beschäftigte ihn trotz seiner Knappheit von bloß fünfzehn Seiten ganze drei Jahre lang. Zudem wusste er nicht so recht, ob er ihn englisch oder französisch verfassen sollte; aus den Manuskripten geht hervor, dass er sich in beide Richtungen versuchte. Schließlich entstand der Text in Englisch und wurde vom Autor gleich anschließend ins Französische übersetzt. [KNOWLSON, 698]. Angesichts einer solchen Hintergrundgeschichte zeigt sich ein Ringen um die Sprache, ein Ringen um den – noch möglichen – Ausdruck und ein Ringen um den Vorrang der beiden Idiome Englisch oder Französisch. Dass die Muttersprache mit geringem Vorsprung gewann, schien dem Hochbetagten dermaßen zugesetzt zu haben, dass er sich sofort an die Übersetzung in die zweite Sprache machte.

Erschöpfung setzt Deleuze in Zusammenhang mit dem Möglichen. Erschöpfung hat das Mögliche bereits ausgereizt, es ist hier keine Weiterführung mehr denkbar. Im Gegensatz dazu hat der Müde – »le fatigué« – zwar seinen vorläufigen persönlichen Endpunkt erreicht, aber objektiv betrachtet hat er noch nicht alle Möglichkeiten ausgenutzt. Geradezu prophetisch nimmt sich dazu ein Satz aus Becketts *Textes pour rien* aus, wo es heißt: »Ce n'est pas de la simple fatigue, je ne suis pas simplement fatigué, malgré l'ascension.« (»Das ist keine simple Müdigkeit, ich bin nicht einfach nur müde, trotz meines Aufstiegs.«). Dieser Satz nennt Ermüdung und deutet eine Erschöpfung an, einen Zustand, den Beckett möglicherweise in der Zeit nach dem Nobelpreis 1969 und trotz dieser Auszeichnung empfand – »malgré l'ascension« –, doch er schrieb *Textes pour rien* bereits Ende der 1940er Jahre und veröffentlichte sie 1955. Zudem steht der zitierte Satz in einem narrativen Prosatext, und obwohl zahlreiche Einflüsse von Becketts Leben und

Erfahrungen auf sein Werk nachweisbar sind, bleibt das Verhältnis zwischen literarischer Fiktion und Vita stets ein heikles, das man keinesfalls überstrapazieren sollte.

La Langue retrouvée

Ein Aspekt fehlt in der bisherigen Betrachtung: die – natürliche – literarische Weiterentwicklung eines Schriftstellers. Niemand schreibt mit sechzig oder siebzig genauso wie mit fünfundzwanzig. Da jede Persönlichkeit sich ganz allgemein weiterentwickelt, gilt das selbstverständlich auch für Schreibende. Als junger Mann erzählte Samuel Beckett runde Geschichten, verfasste mit Freude freche Dialoge, die mit überraschenden Wendungen spielen, während er sich mit zunehmendem Alter stärker auf die Form konzentrierte, das Inhaltliche bis zu einem gewissen Grad hinter sich ließ und schließlich nach Wegen suchte, Bild, Raum und Musik in die Literatur zu integrieren. Die beiden Sprachen Englisch und Französisch haben Beckett zeit seines Lebens begleitet; am Beginn stand die Muttersprache im Vordergrund, dann, während seiner produktivsten Phase, katapultierte sich die Sprache der Wahlheimat auf den ersten Platz, während es in den letzten Lebensjahrzehnten keine Rolle mehr spielte, in welcher Sprache ein Text zuerst geschrieben würde.

Dass es tatsächlich um ein Zuerst ging, liegt auf der Hand, da Beckett in dieser Periode das Geschriebene nahezu zeitgleich in die jeweils andere Sprache übertrug. Die Entwicklung der Texte zeigt überdies deutlich, dass die spezifische Kultur einer Sprache und deren Zuordenbarkeit schon sehr früh in den Hintergrund traten.

Noch bei *Murphy* ist der Einfluss eines anglo-irischen Umfeldes deutlich zu spüren, was der französischen Übersetzung gewiss eine besondere Note vermittelt. Danach aber verpufft jedwede nationale Einordnungsmöglichkeit. Die griechische Romanistin Danae Coulmas verweist in diesem Zusammenhang auf Becketts Wunsch, »stil-los« zu schreiben, wie es seiner Meinung nach in der französischen Sprache möglich sei, und folgert daraus: »Er entledigte sich der assoziativen Kraft und schulmäßigen Virtuosität der Muttersprache und suchte in der Fremdsprache den Zwang zur Disziplin; er suchte Zucht und zugleich die Freiheit einer freiwilligen Heimatlosigkeit.« [COULMAS, 626]. Sprache soll ihres Stils so weit entledigt werden, dass sie sich in jede beliebige andere Sprache übertragen lässt. Coulmas sieht Becketts Sprachwahl als

66

»Indiz für die Übernationalität der heutigen Literatur«, und das nahezu gleichzeitige Übersetzen eines Werkes in die zweite Sprache »sprengt Kategorisierung herkömmlicher Art« [ebenda].

Unter diesem Gesichtspunkt stellt sich die Frage, ob Beckett tatsächlich eine Sprache oder die Sprache an sich verloren hat, denn durch die Zurückdrängung der nationalen Eigenheiten gewann er eine Art universelle Sprache, die er in den späteren Jahren durch inhaltliche Reduktion und Einbeziehung des nicht-literarischen Umfeldes zu verstärken suchte. Seine Produktion blieb nie an derselben Stelle stehen, sie wurde hinterfragt und laufend transformiert. Vielleicht sollten wir seine Entwicklung mit einer heutzutage oft verwendeten Phrase charakterisieren: Beckett erfand sich permanent neu. Dazu passt auch ein Satz, den er als Mittzwanziger im Essay *Proust* schrieb: »The creation of the world did not take place once and for all time, but takes place every day.« [*Proust*, 19]. Dass Sprache – besonders poetische Sprache – für Beckett stets enorme Bedeutung hatte und behielt, zeigen Berichte des Freundeskreises und der Weggenossen. Anne Atik nennt die häufigen

Deklamationen von englischer, französischer, deutscher, italienischer und sogar lateinischer Lyrik, was ein häufiges und spielerisches Geplänkel zwischen Beckett und seinem Malerfreund, Annes Ehemann Avigdor Arikha war. Dichtkunst sowie die Poesie der Sprache und der Worte blieben Begleiter bis zum Tod — sogar in den letzten überlieferten Worten stecken lyrische Zitate.

Das überrascht, wenn man bedenkt, dass Samuel Beckett selbst vergleichsweise wenig Lyrik schrieb; und doch fügt es sich wie ein Puzzleteilchen in ein gesuchtes Ganzes, wenn wir uns die bedeutende Rolle vor Augen halten, die einzelne Silben, jeder gesprochene Ton und nicht zuletzt die bewusst gesetzten Pausen in den späteren Bühnen- und TV-Werken spielen. Anne Atik bezeichnet ihn als einen Poeten durch und durch. Beckett war sich dessen bewusst — und tat dies gegenüber Freunden auch kund [ATIK, 40] —, dass Schreiben nicht irgendein Beruf, *une profession*, ist, den man, wenn es einem Spaß macht, auswählt und gegebenenfalls wieder aufgibt, sondern eine Berufung, *une vocation*, eine Art Grundbedürfnis oder Eigenschaft mancher Menschen.

Ausgerechnet Becketts letzter Text, ein Gedicht mit dem Titel *comment dire/what is the word*, scheint die Poetizität seines ganzen Lebens aber zu konterkarieren. Dieser Text gleicht einem Gestammel, das an Geschehenes und Erlebtes anspielt, aber nichts davon wirklich formulieren kann. Der Sprachfluss wird mehrmals vom Vers »comment dire« unterbrochen, den ich mit »wie soll ich es denn sagen« übersetzen würde. Ganz oben auf dem Blatt Papier stand »Keep! for end!« [LAWLOR/PILLING, 474], was dieses Gedicht gewissermaßen zu einem Vermächtnis und Endpunkt macht. *Comment dire* thematisiert Sprachlosigkeit, und doch hinterließ Beckett sein letztes poetisches Wort beredt in seinen beiden Sprachen.

Die Bühnenstücke degradieren die Person in dem Maß zur Requisite, in dem das Wort an Bedeutung verliert, Raum und Schweigen sich breit machen, weil die Frage »comment dire« nicht beantwortet werden kann. Ein ähnlicher Wandel ist in den Prosawerken zu beobachten, denn während die ersten Romane noch Monologe und folglich Ich-Erzähler präsentieren, verschwindet dieses personale Element in den späteren Prosawerken zur

Gänze. Man hört niemanden mehr sprechen, der Ton gerät zunehmend unpersönlich und neutral, deutet ein Streben nach Objektivität an. Wenn Beckett in seinen Anfängen sehr viel Persönliches und Autobiografisches in seine Texte packte, kann dies nur bedeuten, dass er im Spätwerk versuchte, seine eigene Person herauszuhalten und das literarische oder poetische Wort für sich allein stehen zu lassen. Hinsichtlich der Literatur (denn selbstverständlich gab es daneben bis zuletzt auch den Menschen, den Freund, den Ehemann und den Patenonkel Samuel Beckett, der »normal« kommunizierte) könnte dies die Sprache sein, nach der jahrzehntelang gesucht wurde. Eine abgespeckte, auf die Essenz reduzierte und vom Einfluss etwaiger Protagonisten befreite Sprache, die sich auch von linguistischen Systemen wie Englisch und Französisch relativ unabhängig zeigt. Deleuze bezeichnet sie schlicht als »Sprache III«; das Œuvre dieser Periode macht sie vergleichsweise schwierig zu lesen, aber gleichzeitig zu einer Fundgrube für Interpretationen, die bis auf die lexematische und sogar syllabische Ebene reichen. Hinsichtlich Prousts *Zeit* hatte Beckett freilich postuliert: »Time is not recovered, it is obliterated.« [*Proust. 75*]. Gilt dies auch für die Sprache?

Es wäre unstatthaft, das Werk eines Schriftstellers nur in eine einzige Richtung zu interpretieren oder zu behaupten, dies und jenes sei die Bedeutung und alles andere daher ungültig. Becketts Texte werfen, ebenso wie die anderer Autorinnen und Autoren, viele Fragen auf, die, so meine ich, von den Schriften selbst und von der Autorenvita zum Teil beantwortet werden und zum Teil offen bleiben. Die Aspekte der Sprache, des Sprachenwechsels, des Sprachverlustes und der Sprachumgestaltung sind Facetten, die sich in diesem Werk widerspiegeln und mit vielen Textstellen illustriert werden können, die jedoch keinen Anspruch auf Vollständigkeit, Allgemeingültigkeit oder gar Ausschließlichkeit erheben können und dürfen. Es sind einzelne Facetten eines viel größeren Ganzen, das von einem Menschen allein wohl nie in seiner Gesamtheit erfasst werden kann – und genau genommen nicht einmal für seinen Urheber holotisch fassbar war. Mich fasziniert der Aspekt der Sprachen bei Beckett, weil ich selbst bilingual literarisch arbeite und weil Beckett jemand war, der dies in der

Kombination Englisch und Französisch zu einer verblüffenden und bewundernswerten Perfektion brachte. Aus historischer Sicht fügt er sich damit zwar in eine Jahrtausende alte Tradition ein, doch die Art und Weise, wie er damit verfuhr, ist wohl eine ganz besondere.

Bibliografische Hinweise

Die im Text angeführten Zitate werden in der Originalsprache beziehungsweise in der ersten Originalsprache von Beckett wiedergegeben.

Die angeführten deutschen Übersetzungen aus dem Französischen habe ich selbst angefertigt und zwar auch in jenen Fällen, in denen eine tadellose Übersetzung ins Deutsche erhältlich ist.

Samuel Becketts Literatur:

Collected Poems. Edited by Seán Lawlor and John Pilling. Faber & Faber, London 2012

Compagnie. Frz. Üb.: Samuel Beckett. Minuit, Paris 1985

Company/Ill Seen Ill Said/Worstward Ho/Stirrings Still. Faber and Faber, London 2009

Disjecta. Grove Press, New York 1984

Echo's bones. Edited by Mark Nixon. Faber & Faber, London 2014

Eleutheria. Présenté par Jérôme Lindon. Minuit, Paris 1995

Endspiel/Fin de partie/Endgame. Suhrkamp,
Frankfurt am Main 1974

L'Image. Minuit, Paris 1988

L'Innommable. Minuit, Paris 1953/2004

The Letters of Samuel Beckett 1929-1940. Edited by
Martha Dow Fehsenfeld and Lois More
Overbeck. Cambridge University Press,
Cambridge 2009/12.

The Letters of Samuel Beckett 1941-1956. Edited by
George Craig, Martha Dow Fehsenfeld,
Dan Gunn and Lois More Overbeck.
Cambridge University Press, Cambridge
2011/12

The Letters of Samuel Beckett 1957-1965. Edited by
George Craig, Martha Dow Fehsenfeld,
Dan Gunn and Lois More Overbeck.
Cambridge University Press, Cambridge
2014

The Letters of Samuel Beckett 1966-1989. Edited by
George Craig, Martha Dow Fehsenfeld,
Dan Gunn and Lois More Overbeck.
Cambridge University Press, Cambridge
2016

Molloy. Minuit, Paris 1951/82

Molloy. Malone stirbt. Der Namenlose. Dr. Üb.:
Elmar u. Erika Tophoven, Erich Franzen.
Suhrkamp, Frankfurt am Main 2005/2014

Murphy. Frz. Üb.: Samuel Beckett. Minuit
    10 | 18, Paris 1965
Murphy. Faber and Faber, London 2009
Nouvelles et textes pour rien. Minuit, Paris 1958
Pour finir encore et autres foirades. Minuit, Paris
    1976/1991/2001/2004
Proust & 3 dialogues with Georges Duthuit. John
    Calder, London 1965
Quad et autres pièces pour la télévision. Üb.: Édith
    Fournier. Minuit, Paris 1992
Soubresauts. Minuit, Paris 1989
Watt. Faber and Faber, London 2009
Watt. Frz. Üb.: Samuel Beckett, Ludovic u.
    Agnès Janvier. Minuit, Paris 1968/2007

Literatur zu Beckett:

ACKERLEY, Chris J.: *Obscure Locks, Simple Keys.*
    Edinburgh University Press 2010
ATIK (ARIKHA), Anne: *How It Was. A Memoir of
    Samuel Beckett.* Faber & Faber, London 2001
COULMAS, Danae: *Samuel Beckett.* In: Lange,
    Wolf-Dieter (Hrsg.): Französische
    Literatur der Gegenwart in
    Einzeldarstellungen. Kröner, Stuttgart
    1971, S. 623-649

DELEUZE, Gilles: *L'Épuisé*. In: Beckett, Samuel: Quad et autres pièces pour la télévision. Minuit, Paris 1992, S. 55-106

FISCHER-SEIDEL, Therese und Marion FRIES-DIECKMANN: *Der unbekannte Beckett: Samuel Beckett und die deutsche Kultur*. Suhrkamp, Frankfurt am Main 2005

HOFFMANN, Frederick John und Harry T. MOORE: *Samuel Beckett. The language of self*. Southern Illinois University Press 1962

HOKENSON, Jan Walsh und Marcella MUNSON: *The Bilingual Text. History and Theory of Literary Self-Translation*. St. Jerome Publishing, Manchester 2007

KNOWLSON, James: *Damned to fame. The life of Samuel Beckett*. Bloomsbury, London 1996

LAWLOR, Seán und John PILLING: *Editorial commentary*. In: S. Beckett: Collected Poems. Faber & Faber, London 2012

LÉGER, Nathalie: *Les vies silencieuses de Samuel Beckett*. Allia, Paris 2012

RATHJEN, Friedhelm: *Samuel Beckett*. Rowohlt Monographien, Reinbeck bei Hamburg 2006

VALLVERDÚ, Francesc: *L'escriptor català i el problema de la llengua*. Edicions 62, Barcelona 1968/75

Über den Autor

Klaus Ebner wurde 1964 in Wien geboren und lebt heute mit seiner Familie in Schwechat. In den 1980er Jahren studierte er Romanistik und Germanistik. Er schreibt kurze Prosa, Erzählungen, Romane und Essays, außerdem Lyrik auf Katalanisch und Deutsch.

Er erhielt den Wiener Werkstattpreis 2007, den Zweiten Preis beim »Kurzprosa-Wettbewerb« des Österr. Schriftsteller/innen/verbandes 2010 und den katalanischen Premi de Poesia Parc Taulí 2014.

Der vorliegende Essay wurde in einer frühen Version unter dem Titel »Auf der Suche nach der verlorenen Sprache« in der niederösterreichischen Zeitschrift für Literatur und Kultur DRIESCH Nr. 20/2014, Drösing, (S. 121-145) erstveröffentlicht.

Ebenfalls erhältlich:

»Forats«, kat. Lyrik, 2020
»Warum (…ich schreibe)«, Essay, 2020
»Physikstunde«, Erzählungen, 2020
»Auf der Kippe«, Kurzprosa, 2020
»Lose«, Kurzgeschichten, 2019
»Hominide«, Erzählung, 2016
»Blaus/Bläuen«, Lyrik, 2015
»Ohne Gummi«, Prosa, 2013
»Andorranische Impressionen«, Essay, 2011
»Dort und anderswo«, Essays, 2011
»Vermells/Röten«, Lyrik, 2009

www.klausebner.eu